AF312114

PARIS

IMPRIMERIE DE L'ART

E. MOREAU ET Cⁱᵉ, 41, RUE DE LA VICTOIRE, 41

CATALOGUE
DES
BEAUX MEUBLES
LOUIS XV ET LOUIS XVI
En laque et en marqueterie, enrichis de cuivres ciselés

CONSOLES ET GLACES
Fauteuils en Tapisserie
PENDULES ET APPLIQUES
FAIENCES FRANÇAISES, PORCELAINES
JADES ET OBJETS VARIES
TENTURE CHINOISE EN SOIE PEINTE

ET DES

TABLEAUX ANCIENS
PAR

Breughel de Velours, Chardin, Desportes, De Troy, Van der Meulen
J.-B. Oudry, Rigaud

LE TOUT PROVENANT DE LA COLLECTION

DE FEU M. LE BARON LEPIC

ET DONT LA VENTE AURA LIEU A PARIS

GALERIE GEORGES PETIT
8, rue de Sèze, 8

Le Vendredi 18 Juin 1897, à deux heures précises

M. PAUL CHEVALLIER, Commissaire-Priseur

10, rue de la Grange-Batelière, 10

EXPERTS

Pour les objets d'Art   Pour les Tableaux

MM. MANNHEIM PÈRE ET FILS   MM. FERAL PÈRE ET FILS

7, rue Saint-Georges, 7   54, rue du Faubourg-Montmartre, 54

EXPOSITIONS

Particulière : *Le Mercredi 16 Juin 1897, de 1 h. 1/2 à 5 h. 1/2*
Publique : *Le Jeudi 17 Juin 1897, de 1 h. 1/2 à 5 h. 1/2*

CONDITIONS DE LA VENTE

Elle sera faite *expressément* au comptant.

Les acquéreurs payeront *cinq pour cent* en sus des enchères.

L'exposition mettant le public à même de se rendre compte de l'état et de la nature des objets, aucune réclamation ne sera admise une fois l'adjudication prononcée.

Paris — Imprimerie de l'Art, E. Moreau et Cie, 41, rue de la Victoire.

RAMEL DE NOGARET, *ministre des finances, a la fin du XVIIIᵉ siècle, possédait dans le département de l'Aude, à quelques kilomètres de Carcassonne, un château qui prit la dénomination de Petit Versailles, tant il le fit meubler et décorer avec somptuosité.*

Vers 1865, M. le baron Lepic acheta d'un descendant de Ramel les terres avec le château et tout ce qu'il contenait encore. Telle est la provenance de cette petite table, numéro 13, ravissante de grâce coquette et de fantaisie raffinée, de cet entre-deux accompagné de deux encoignures, de ces commodes contournées, de ce bureau à cylindre... meubles précieux en laque et en marqueterie, enrichis de cuivres délicatement ciselés, de ces charmants tableaux, peints par Chardin, Oudry et Desportes, et enfin de la majeure partie des objets d'art et d'ameublement désignés dans ce catalogue et qui tous dépendent de la collection de feu M. le baron Lepic

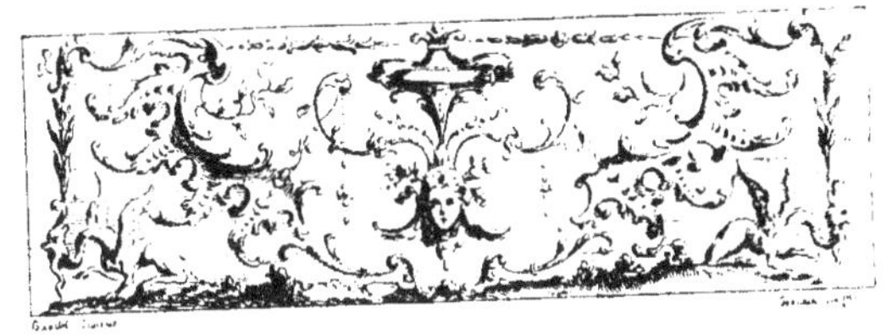

Désignation des Objets

TABLEAUX

ARTOIS

(Attribué à J. VAN

1 — Paysage.

À droite, l'entrée d'un bois ; au premier plan, une mare ; au centre, un chemin où se trouvent un chasseur assis et des cavaliers.

Haut., 4 cent. ; larg., 5 cent.

BILCOQ

Attribué à

2 — Le Chanteur.

Assis sur une chaise, il tient une partition à la main.

Bois. Haut., 15 cent ; larg., 11 cent.

BLOOT
(PIERRE DE)

3 — Intérieur de Tabagie.

Des paysans, hommes et femmes, causent, dansent, fument ou se reposent, dans une grande salle dont la fenêtre s'ouvre sur la campagne.

Bois. Haut., 37 cent.; larg., 53 cent.

BOUCHER
École de F.

4 — Les Quatre Saisons représentées par des amours.

Les uns figurant l'Automne jouent avec une chèvre et tiennent des grappes de raisin; les autres, personnifiant l'Été, portent des gerbes de blé.

Le Printemps est représenté par des Amours qui tiennent des fleurs; l'Hiver par des Amours qui se chauffent autour d'un feu.

Quatre dessus de portes sur toile, mesurant :

Les deux plus grands — Haut., 85 cent.; larg., 1 m. 8 cent.
Les deux plus petits — Haut., 80 cent.; larg., 83 cent.

BREUGHEL
DE VELOURS

5 — Paysage accidenté et animé de personnages.

Au fond, à droite, la perspective d'un village entouré d'arbres.

Cuivre. Haut., 10 cent. Larg., 15 cent.

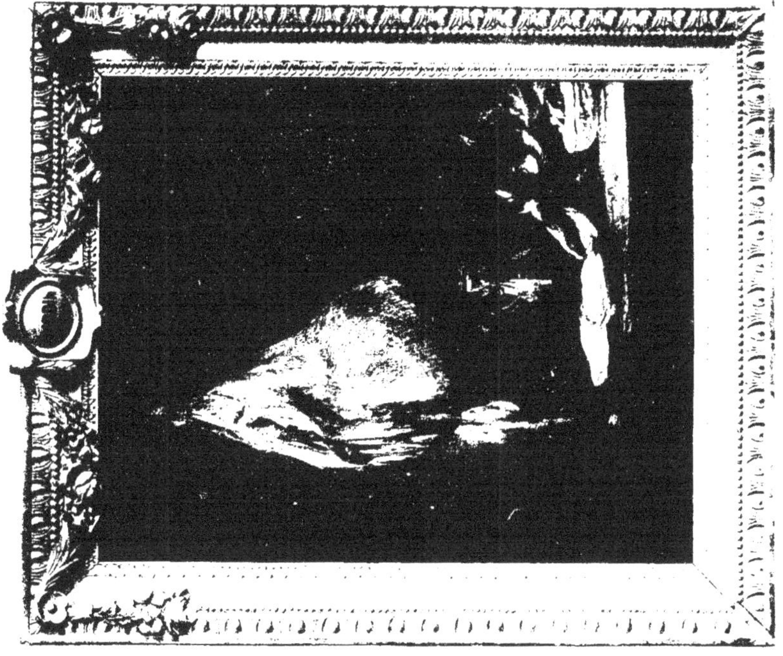

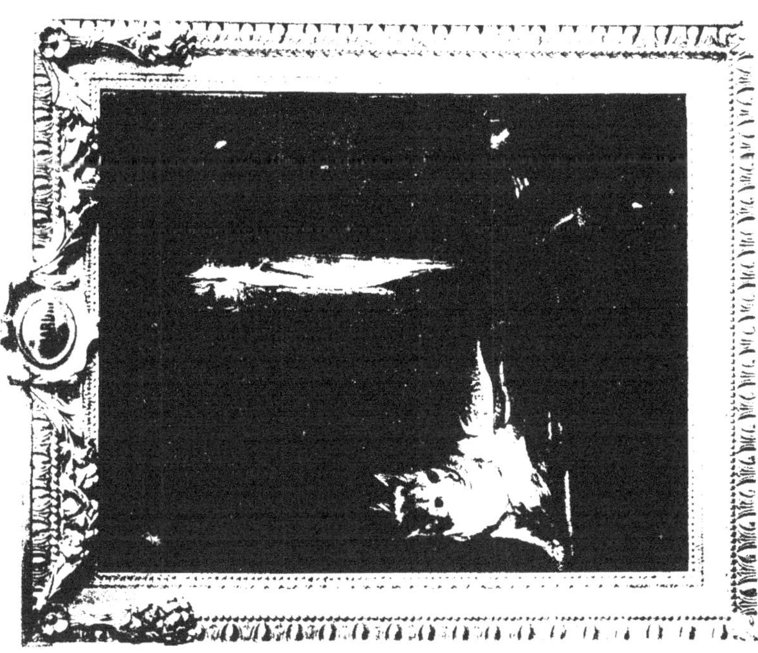

CHARDIN

J. B. SIMÉON

6 — Le Garde-manger.

Sur une table de cuisine, un chat cherche à prendre des huîtres avec
sa patte. Auprès de lui, un plat en terre vernie, un carafon de cristal;
à gauche, une limande suspendue à un crochet en fer.

CHARDIN

J. B. SIMÉON

PENDANT DU PRÉCÉDENT

7 — L'Office.

Deux harengs suspendus à un crochet de fer. Au-dessus, sur une
table de cuisine, une tranche de saumon posée sur un plat de Nevers; un
chat; à droite, un oignon, un poireau et des moules.
Superbes tableaux du maître en parfait état de conservation.
Signés en toutes lettres.
Cadres en bois sculptés.

Toiles. Haut, 88 cent. Larg. 62 cent.

DAVID

Attribué à LOUIS

8 — Jeune femme en buste.

Les cheveux relevés et poudrés, attachés par un ruban rose.
Très belle esquisse.

Toile. Haut, 54 cent. Larg. 42 cent.

DELACROIX

Attribué à

9 — Le duc d'Orléans présentant sa maîtresse au duc de Bourgogne.

Toile. Haut., 32 cent.; larg., 26 cent.

DESPORTES

FRANÇOIS

10 — Objets divers groupés sur un balcon.

A droite, une basse, des violons, des partitions posés sur un tapis de velours vert à franges d'or. A gauche, auprès d'un vase de marbre, un perroquet et une corbeille d'oranges.

Plus bas, une cafetière et un service à café posé sur un plateau d'argent.

Œuvre importante du maître.

Signé à droite.

Toile. Haut., 1 m. 63 cent.; larg., 1 m. 28 cent.

DE TROY

FRANÇOIS

11 — Portrait de femme.

En buste, vêtue de noir, la tête entourée d'un voile de guipure.

Toile ovale. Haut., 51 cent.; larg., 43 cent.

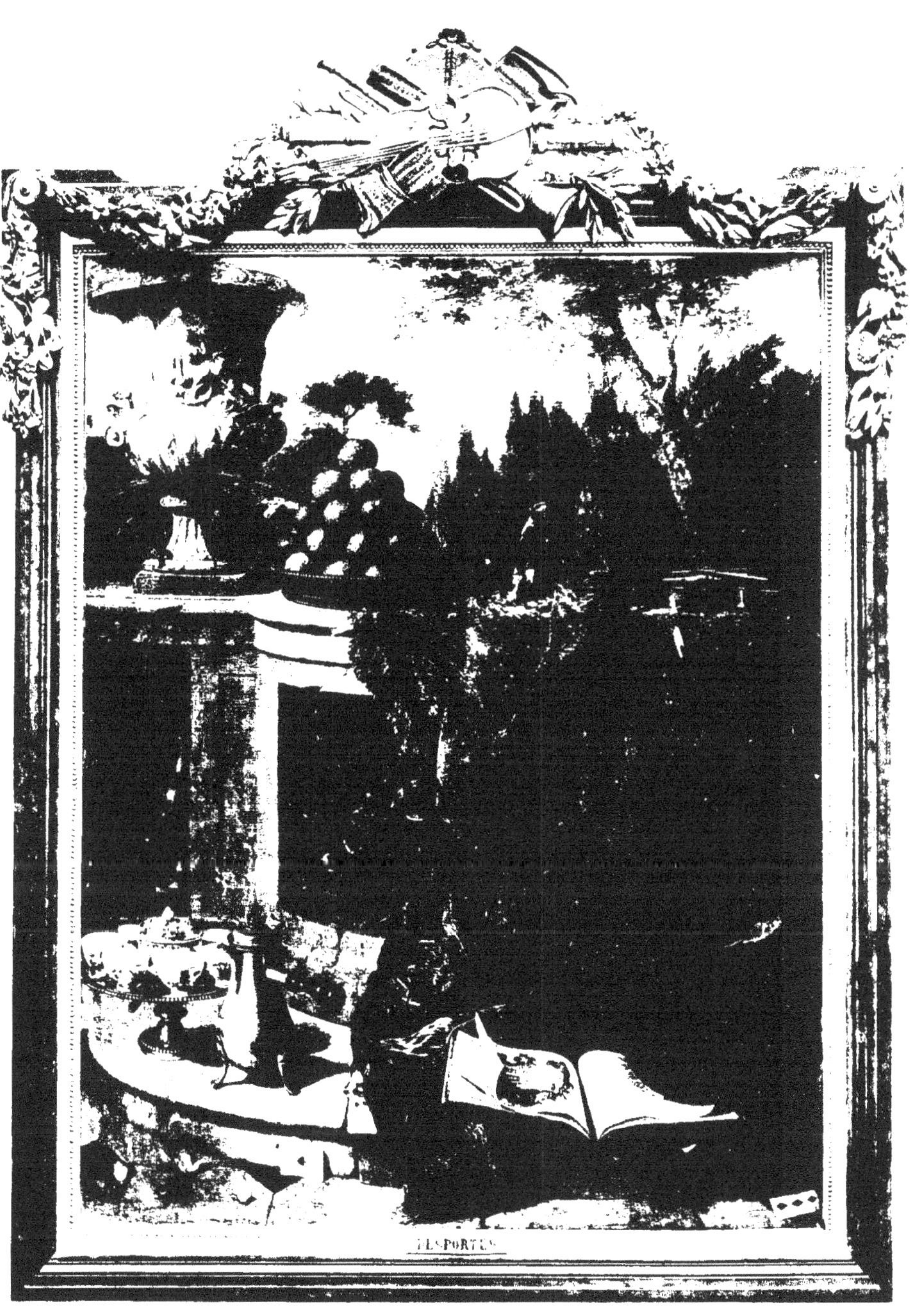
DESPORTES

DE TROY
JEAN-FRANÇOIS

12 — Portrait de jeune femme.

En buste, tournée vers la gauche. Robe jaune décolletée; cheveux châtains bouclés et serrés par un ruban rouge.

Fond de paysage.

Toile. Haut., 8x cent.; larg., 51 cent.

DYCK
Attribué à VAN

13 — Portrait de Martin Pépin.

Vu à mi-corps, vêtement noir avec collerette plissée; cheveux et barbe gris; le front découvert.

Cadre en bois sculpté.

Toile. Haut., 8x cent.; larg., 62 cent.

EISEN
CHARLES

14 — Henri IV et Gabrielle.

Toile. Haut., 8x cent.; larg., 2x cent.

FRANCK

15 — L'Adoration des Mages.

Ils se trouvent sur la gauche, entourés de nombreux serviteurs. L'un d'eux se prosterne pour baiser les pieds de l'Enfant Jésus.

Bois. Haut., 53 cent.; larg., 69 cent.

GIRODET

(Attribué à)

16 — Femme et amour.

Toile. Haut., 23 cent.; larg., 19 cent.

LAGRENÉE

17 — Cérès.

La déesse est assise sur une gerbe de blé, se disposant à couper les ailes à un Amour qui lui offre un fruit.

Auprès d'elle, un laboureur conduit sa charrue. Au second plan, une nymphe au repos.

Toile. Haut., 1 m. 55 cent.; larg., 1 m. 6 cent.

LAGRENÉE

18 — Composition allégorique.

Esquisse.

Toile. Haut., 33 cent.; larg., 53 cent.

LARGILLIÈRE

NICOLAS

19 — Portrait du duc de Vendôme.

Vu jusqu'aux genoux, la tête tournée vers la droite, il porte une cuirasse ornée du grand cordon du Saint-Esprit. Ceint d'une écharpe blanche, il tient de la main droite son bâton de maréchal.

Vers le fond, un combat de cavaliers.

Toile. Haut., 1 m. 35 cent.; larg., 1 mètre

LEDOUX

Mlle

20 — Portrait présumé de Mme Vigée Le Brun.

Assise, vue jusqu'aux genoux, en robe blanche décolletée, les cheveux
bouclés et relevés, elle est accoudée sur un canapé.
Fond de ciel.

Toile. Haut., 95 cent.; larg., 72 cent.

LEMOINE

21 — Amours se disputant les armes d'Hercule.

Esquisse.

Bois. Haut., 14 cent.; larg., 17 cent.

Levry

MEULEN

VAN DER

22 — Le Carrosse royal et son escorte.

Plus loin, des cavaliers parcourent la campagne. Vers le fond, une ville
au bord d'un fleuve.

Toile. Haut., 55 cent.; larg., 1 m. 30 cent.

Feral

MEULEN

VAN DER

23 — Une Châtelaine en voyage.

Un carrosse attelé de deux chevaux et escorté d'un cavalier, à la por-
tière, on remarque une dame tenant un éventail.
Cadre en bois sculpté.

Toile. Haut., 46 cent.; larg., 62 cent.

MIGNARD

Attribué à

24 — Portrait de Louis XIV.

En cuirasse, une écharpe blanche en sautoir. Il est dans un médaillon formé d'une peau de lion et de lauriers.

Cadre en bois sculpté.

Toile. Haut., 91 cent.; larg., 70 cent.

MIGNARD

Attribué à

25 — Portrait présumé de Vauban.

Vu jusqu'à la ceinture, tourné de trois quarts vers la gauche ; perruque blonde bouclée, manteau de velours rouge avec broderies d'or. Cravate blanche nouée sous le menton.

Cadre en bois sculpté.

Toile. Haut., 71 cent.; larg., 57 cent.

MOLENAER

26 — Vue de Hollande.

À droite, un groupe de chaumières sur un monticule ; à gauche, un canal glacé animé par de nombreux personnages.

Signé et daté 1649.

Beau cadre en bois sculpté.

Bois. Haut., 40 cent.; larg., 51 cent.

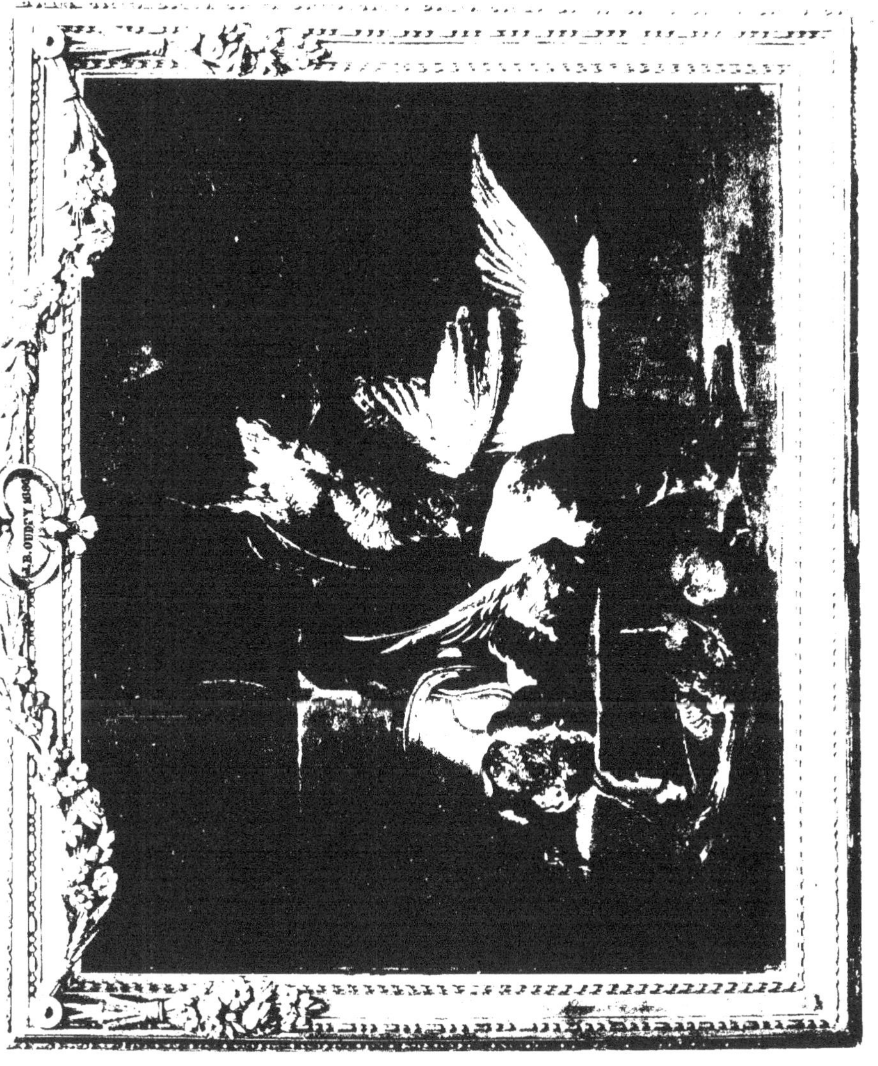

NEER

Attribué à VAN DER

27 — Vue de Hollande; effet de clair de lune.

Beau cadre en bois sculpté.

Toile. Haut., 36 cent.; larg., 46 cent.

OCHTERVELT

J.

28 — Jeune femme à sa toilette.

Assise auprès d'une table couverte d'un tapis de Turquie, une suivante
arrange sa chevelure.

Cadre en bois sculpté.

Toile. Haut., 45 cent.; larg., 34 cent.

OUDRY

JEAN-BAPTISTE

29 — Fruits et gibier.

Au pied d'un socle de pierre, un canard, deux bécasses, une grenade,
deux oranges et un sac en cuir.

Signé et daté 1724.

Très belle qualité du maître.

Toile. Haut., 80 cent.; larg., 1 mètre

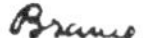

OUDRY

JEAN-BAPTISTE

30 — Une Cour.

Un jeune homme à une fenêtre présente une grappe de raisin à un perroquet. Au premier plan, deux coqs se battent; au centre, un puits contre lequel sont posés des cordons, un melon et différents légumes.

Signé et daté 1750

Toile. Haut., 65 cent.; larg., 48 cent.

PALAMÈDES

31 — La Fin du repas.

Plusieurs soldats et jeunes femmes sont réunis autour d'une table, finissant leur repas. L'un d'eux courtise une femme vêtue d'une robe bleue, les autres se disposent à boire.

Cadre en bois sculpté.

Bois. Haut., 48 cent.; larg., 62 cent.

RICCI

SÉBASTIEN

32 — Quatre soldats vus à mi-corps.

Toile. Haut., 41 cent.; larg., 32 cent.

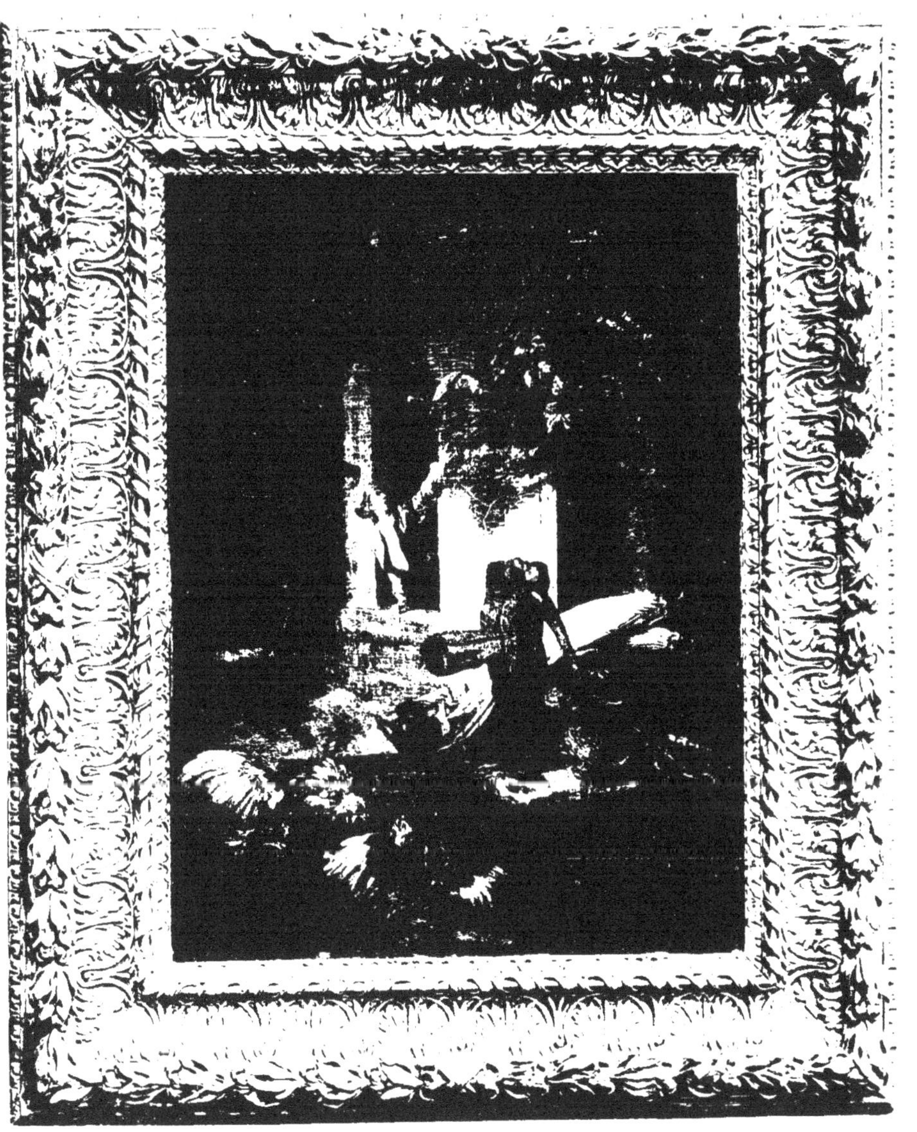

RIGAUD

HYACINTHE

33 — Portrait d'un jeune abbé.

Vu jusqu'à la ceinture, tourné de trois-quarts à gauche [illegible] ample manteau de soie [illegible] rabbat sur la poitrine.
Fond gris.
Très bon portrait dans un cadre en bois sculpté.

Toile. Haut. 80 cent.; larg. 65 cent.

RUBENS

Attribué à

34 — La Chasse au loup.

Il est attaqué par les chiens. Au second plan, des paysans armés de lances.

Bois. Haut. 58 cent.; larg. 65 cent.

SOLIMÈNE

35 — La Vierge, sur un trône, entourée d'anges et de saints.

Toile cintrée du haut.

Haut., 53 cent.; larg., 40 cent.

VESTIER

(Attribué à

36 — Portrait de jeune femme.

Vue jusqu'à la ceinture, vêtue d'une robe mauve décolletée et bordée de dentelles. Elle porte une perruque frisée et poudrée, ornée de plumes et de chaînes de perles.

Cadre en bois sculpté.

Toile ovale. Haut., 68 cent.; larg., 57 cent.

VOS

(PAUL DE)

37 — Bataille entre deux chiens.

L'un est renversé, ayant abandonné un os tombé à terre.

Belle peinture, digne du pinceau de Snyders.

Toile. Haut., 90 cent.; larg., 1 m. 13 cent.

WETTE

(FRANÇOIS DE)

38 — Sujet biblique.

Importante composition avec nombreux personnages réunis dans un temple.

Très beau cadre en bois sculpté.

Bois. Haut., 73 cent.; larg., 88 cent.

ÉCOLE FRANÇAISE

39 — Portrait de femme.

> Vue à mi-corps, vêtue d'une robe jaune décolletée; elle dispose des fleurs dans un caraton de cristal.
>
> Cadre en bois sculpté.
>
> Toile. Haut., 80 cent.; larg., 62 cent.

ÉCOLE FRANÇAISE

40 — Trumeau figurant l'Hiver.

> Au centre, un jeune homme promène une jeune femme sur un traîneau.
>
> Cadre en bois sculpté.
>
> Toile. Haut., 81 cent.; larg., 50 cent.

ÉCOLE DE PARME

41 — Amours faisant des bulles de savon.

> Toile. Haut., 55 cent.; larg., 72 cent.

ÉCOLE VÉNITIENNE

42 — Composition allégorique.

> Un vieillard cause avec une jeune femme appuyée sur une table où se trouve une tête de mort.
>
> Cadre en bois sculpté.
>
> Toile. Haut., 1 m. 02 cent.; larg., 92 cent.

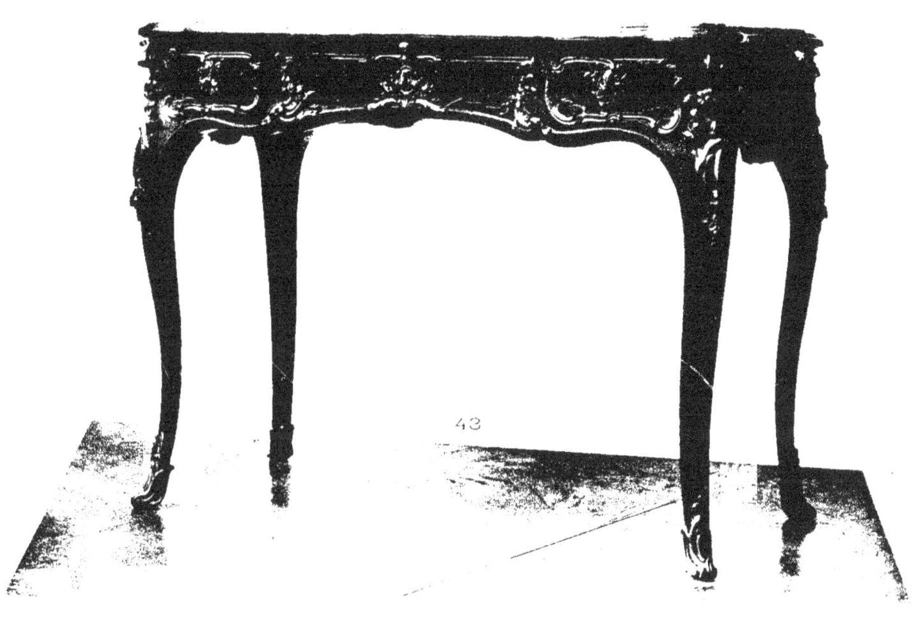

43

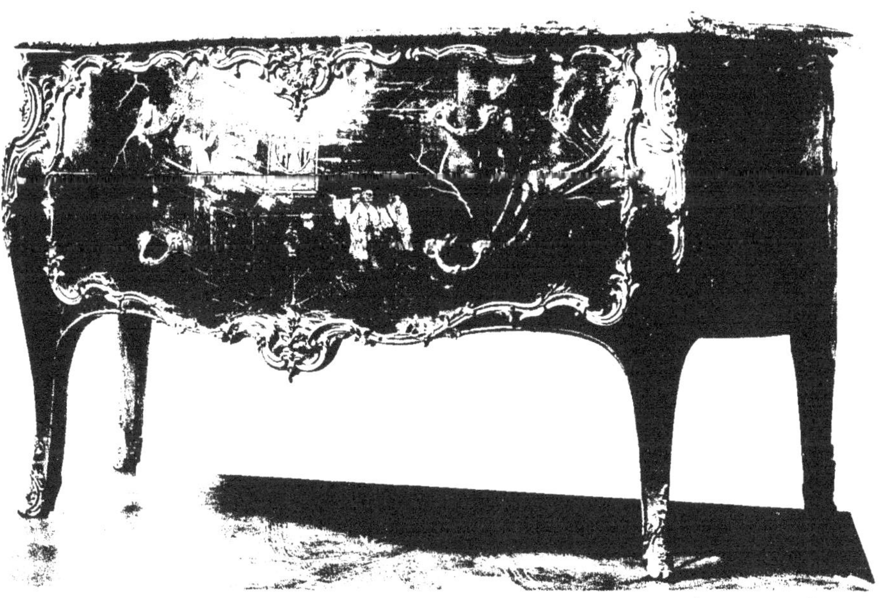

46

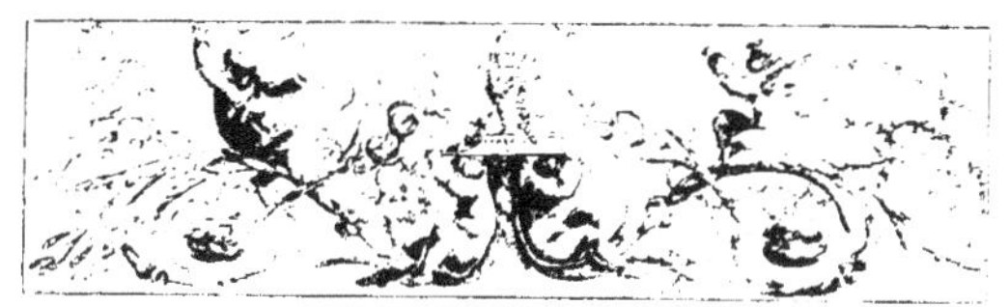

OBJETS D'ART

MEUBLES

13 — **Petite table de milieu**, à trois tiroirs, tablette rentrante formant bureau et dessus à glissière, de l'époque Louis XV, en bois noir, enrichie, sur la ceinture, de panneaux de laque noir et or et garnie de beaux bronzes ciselés et dorés, se composant de rinceaux mouvementés à volutes, de feuilles, de guirlandes et de moulures ; ces cuivres forment des chutes gracieuses à la partie supérieure des pieds et servent d'encadrement aux panneaux de laque. Le dessus de cette table est une tablette de marbre blanc enchâssée dans une large moulure de cuivre doré.

Ravissant petit meuble pour sa forme particulière et si élégamment gracieuse, et aussi pour le goût exquis et l'exécution remarquable des cuivres. Il porte les initiales B. V. R. B., que l'on relève sur certains meubles précieux du règne de Louis XV.

Haut. : 71 cent. Long. : 38 cent., larg. : 42 cent.

Trois beaux meubles, signés B. V. R. B. ; Epoque Louis XV.

14 — **Entre-deux** à façade légèrement contournée en arc et à

côtés cintrés et rentrants, en bois d'ébène, ouvrant à trois vantaux formés de panneaux en laque à figures chinoises et paysages en relief et dorés sur fond noir; les faces latérales sont également laquées. Des bronzes ciselés et dorés, d'une exécution parfaite et du meilleur goût d'ornementation, accompagnent et font valoir les laques. Ce sont : de belles consoles à volutes appliquées sur les montants; de larges acanthes servant de pieds; un masque faunien, sous la porte du milieu; des tores de lauriers à graines, liés par des rubans, posés horizontalement au-dessus des portes en manière de frise; des baguettes d'encadrement composées d'un fond amati entre deux listels, autour de chaque panneau; d'autres moulures à canaux obliques ou à torsades, etc.

Tablette épaisse en marbre portor.

Haut., 92 cent.; long., 1 m. 60 cent ; prof., 61 cent.

45 — **Deux encoignures** allant avec l'entre-deux qui précède, de même ornementation et de même travail. Toutes deux portant les initiales, en creux, du maître ébéniste B. V. R. B.

Haut., 95 cent., larg. 80 cent ; prof., 52 cent.

46 — **Grande et belle commode** chantournée et laquée, de l'époque Louis XV, à décor de figures chinoises, de kiosques, d'oiseaux et de branchages en dorure sur champ noir. Elle est enrichie de cuivres dorés, d'un dessin très élégant : rinceaux feuillagés encadrant les tiroirs et les côtés du meuble; larges chutes s'adaptant sur les angles, sabots, poignées, etc. Tablette en brèche grise bordée d'un quart de rond.

Ce meuble est signé : MACRET.

Haut., 90 cent.; long., 1 m. 52 cent.; prof., 70 cent.

47 — **Petite commode** contournée, à deux tiroirs, de l'époque Louis XV, en laque à décor de paysages avec habitations,

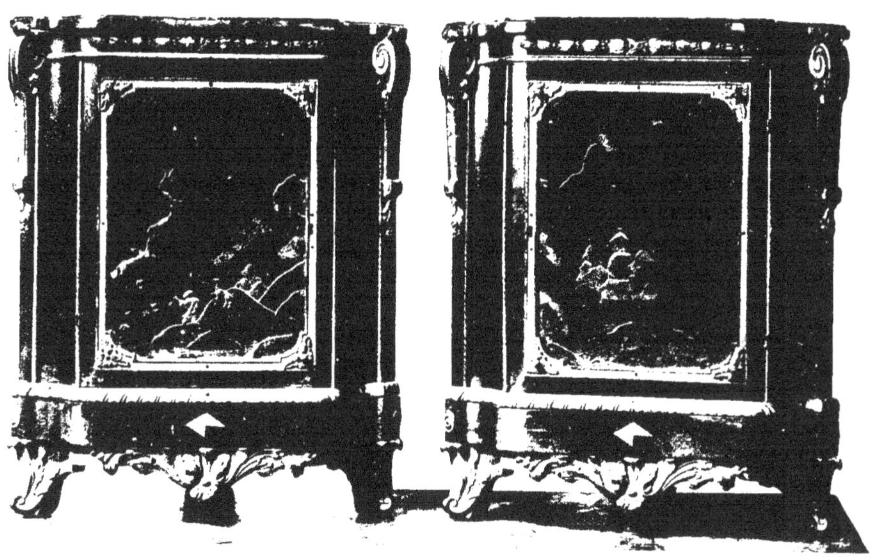

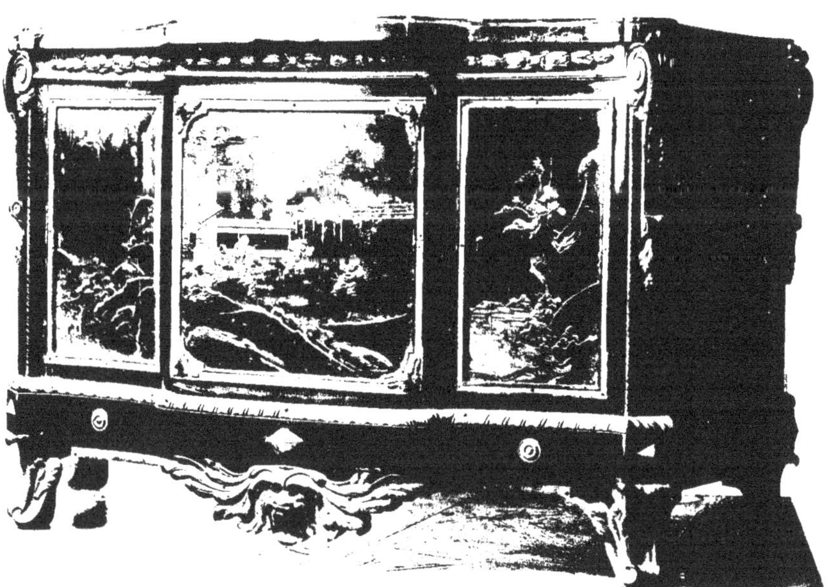

en dorure sur champ noir, et richement garnie de bronzes ciselés et dorés tels que rocailles, rinceaux et feuillages, chutes épousant le contour des angles, poignées de tirage, entrées; motifs variés encadrant la face principale. Tablette de marbre portor, bordée d'un quart de rond. Clef du temps, en fer, à tête ciselée et repercée à jour. Ce meuble porte gravé au feu, le nom de P. Roussel. Le nom de l'ébéniste Roussel figure dans les comptes de fournitures pour le roi

Haut. [illegible] — larg. [illegible] — prof. [illegible]

48 — **Commode de l'époque Louis XV**, à deux tiroirs, de forme contournée, en bois de placage, enrichie de bronzes ciselés et dorés; chutes de rinceaux et de feuillages descendant jusqu'aux sabots qui sont en forme de pieds de biches; entrées ajourées; moulures d'encadrement, d'un dessin mouvementé, composées de rocailles et de rinceaux et dont les extrémités en saillie forment boutons de tirage, etc. Tablette de marbre bordée d'un quart de rond. Ce meuble porte l'estampille du maître ébéniste J. Dubois.

Haut. [illegible] — larg. [illegible] — prof. [illegible]

49 — **Petite commode entre-deux**, légèrement contournée, de l'époque Louis XV, en bois rose, décorée, sur la face et sur les côtés, de bouquets de fleurs en marqueterie de bois clairs gravés, et enrichie de chutes, d'entrées, de boutons de tirage et de sabots en bronze doré. Dessus en marbre bleu-turquin. Ce meuble porte l'estampille de J.-B. Saunier.

Haut. [illegible] — larg. [illegible] — prof. [illegible]

50 — **Bureau à cylindre**, tablette rentrante, tiroir et pieds contournés, en bois rose et marqueterie de bois clairs, offrant sur la face, sur le dessus et sur les côtés, la représentation de vases de toutes formes, d'encriers, d'enveloppes, de livres; chutes, moulures et galerie de cuivre. Époque

Louis XV. Ce meuble porte l'estampille du maître ébéniste
P. PIONNIEZ. (Pierre Pionniez, rue Michel-le-Comte, fut admis
à la maîtrise le 14 août 1767.)

Haut., 1 m 04 cent., long., 80 cent.; prof., 50 cent.

51 — **Bureau à dos d'âne** sur pieds cambrés, de l'époque
Louis XV, enrichi, sur les trois faces, de panneaux en vieux
laque du Japon, à paysages, habitations et oiseaux en relief
et dorés sur champ noir. Il est garni de bronzes ciselés et
dorés, rocailles et rinceaux : chutes, sabots, poignées de
tirage et entrées.

Haut., 95 cent.; larg., 90 cent.; prof., 50 cent.

52 — **Table-échiquier** de forme carrée, supportée par deux pieds-
tréteaux, en acajou incrusté de cuivre et garni de bronzes.
Le dessus, formant échiquier, est exécuté en mosaïque de
jaspes et de marbres précieux ; il est entouré d'une galerie
de cuivre. Ce petit meuble, qui date du commencement du
siècle, est signé DAVID.

Haut., 75 cent.; larg., 51 cent.

53 — **Coffre** rectangulaire, à couvercle bombé, en laque de
Chine à figures, rochers, kiosques et oiseaux en relief et
dorés sur fond noir, avec incrustations de burgau. Il est
garni de charnières, d'écoinçons et d'un fermoir en cuivre
gravé et repose sur une console à pieds cannelés, noire et
or.

Haut., 80 cent., long., 95 cent.; larg., 45 cent.

54 — **Coffret Louis XIII**, en noyer et ébène, à moulures, décoré
sur toutes ses faces d'incrustations d'ivoire gravé, figures de
guerriers, scènes tirées de la Bible et de la mythologie,
sujets de chasse, etc.; une plaquette d'os ajourée à rinceaux
et chérubins décore le milieu du couvercle.

Haut., 22 cent.; long., 30 cent.; larg., 25 cent.

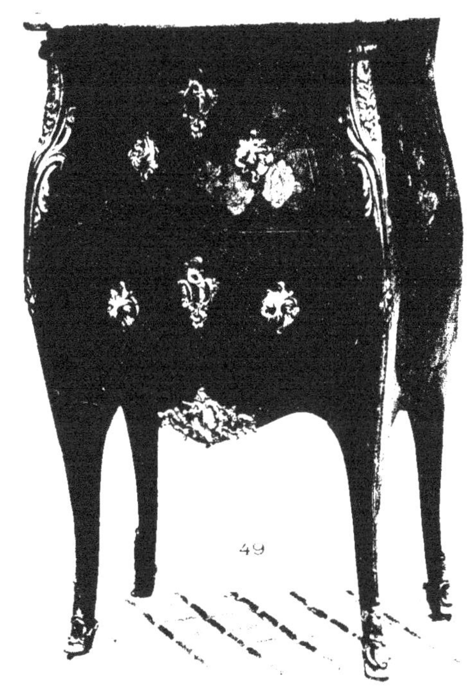

49

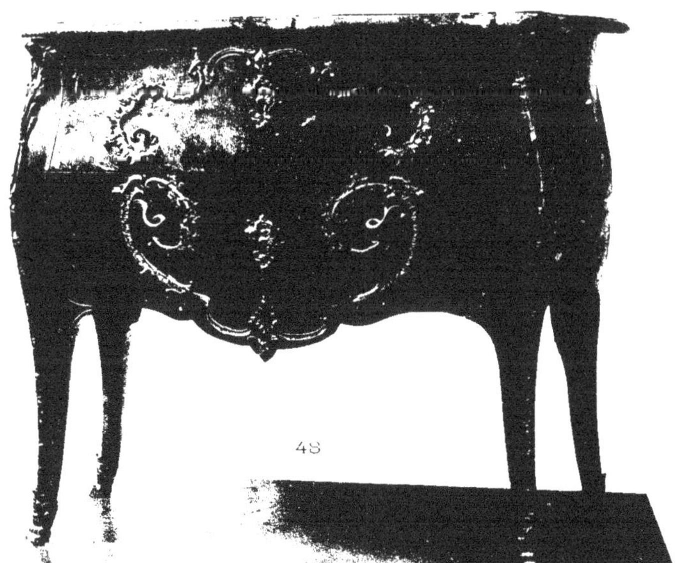

48

MEUBLE SCULPTÉ

55 — **Belle table** rectangulaire à allonges, en noyer sculpté, de la fin du XVIe siècle, à ceinture de godrons obliques et de feuilles, supportée par des piliers flanqués de consoles à volutes, sur patins, et reliés par une arcature, le tout d'une riche ornementation.

Haut., 80 cent.; long., 136 [illegible]; larg., 81 cent.

CONSOLES ET GLACES

56 — **Console** rectangulaire, sur quatre pieds cannelés, en bois sculpté et doré, de l'époque Louis XVI; la ceinture est décorée, sur la face principale, de rosaces et de guirlandes de laurier liées par des rubans. Tablette en brèche de Sicile.

Haut., 88 cent.; long., 1 m. 36 cent.; larg., 75 cent.

57 — **Console demi-lune**, en bois sculpté et doré, de l'époque Louis XVI, à ceinture de canaux, d'entrelacs et de perles, supportée par quatre pieds cannelés, reliés en haut par des guirlandes détachées et, en bas, par des traverses supportant les attributs de l'Amour. Dessus en marbre rouge du Languedoc.

Haut., 85 cent.; [illegible]

à La Redorthe

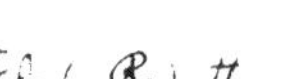

58 — **Grande glace** à trumeau, de l'époque Louis XIV, encadrée de moulures, de festons et d'appliques en bois sculpté et doré, rapportés sur un fond peint blanc. La peinture, de forme ronde, représente des Naïades et un Triton, dans le goût de Coypel.

Haut., 2 m. 89 cent.; larg., 1 m. 35 cent.

59 — **Glace, de l'époque Louis XV**, dans son encadrement de moulures, de feuillages, de fleurs et de rocailles, d'un dessin mouvementé, en bois sculpté et doré, ressortant sur un fond en glace étamée.

Haut., 2 mètres; larg., 1 m. 15 cent.

60 — **Petite glace**, en hauteur, à cadre composé de festons et d'ornements contournés, en bois sculpté et doré, du temps de Louis XV; elle est munie, en bas, d'une applique de bronze, à deux lumières.

Haut., 1 m. 15 cent., larg., 52 cent.

61 — **Petite glace, de l'époque Louis XV**, à encadrement de bois sculpté et doré, composé de rocailles, de festons et de guirlandes; elle est munie, en bas, d'une applique de bronze, à deux lumières.

Haut., 1 m. 20 cent.; larg., 55 cent.

SIÈGES

62 — **Quatre fauteuils Louis XV** de forme contournée, en bois peint, recouverts en tapisserie du temps offrant, aux dossiers, des vues de paysage en des encadrements de branches fleuries et, sur les sièges, des bouquets de roses et de pivoines.

Haut., 91 cent.

TENTURE

63 — **Tenture murale** composée de six grands panneaux de soie peinte, représentant des paysages animés d'une infinité de personnages diversement occupés. Travail chinois.

PENDULES ET BRONZES D'AMEUBLEMENT

64 — **Grande pendule et une crédence-applique** à consoles, de l'époque Louis XIV, en marqueterie de cuivre gravé sur écaille brune, enrichies de bronzes dorés, consoles, vases, attributs guerriers, mascarons, etc. Le couronnement dôme est surmonté d'une statuette d'Hercule en bronze. Cadran gravé, à cartouches d'émail ; au-dessous, une applique porte le nom de *Boucheret, à Paris*. La crédence est décorée de cuivres dont un est signé : *Thuret, à Paris*.

Haut. [illegible] m. [illegible] cent.

65 — **Pendule avec console-applique** du temps de la Régence, en marqueterie de cuivre sur écaille brune, garnie de bronzes ciselés, tels que : pieds figurés par des dragons ; applique composée de coquilles, de pampres et de roseaux ; moulure encadrant la vitre ; chutes de feuillages et de graines, etc. Une statuette d'amour, assis, couronne cette pendule qui porte le nom de *J. B. Duterte, à Paris*.

Haut. [illegible] m. [illegible] cent.

66 — **Paire d'appliques** en bronze doré, de l'époque Louis XVI, modèle à deux bras feuillagés, prenant naissance sur une gaine ornée de draperies et de cordelières, supportant un bouquet de roses et surmontée d'un ruban se terminant par une double rosette.

Haut., 72 cent.

67 — **Paire d'appliques** à trois lumières chaque, à guirlandes et feuillages, surmontées d'une cassolette. Style Louis XVI.

Haut., [illegible] cent.

OBJETS VARIÉS

68 — **Jade gris bleuâtre**. Boîte en forme de quatre feuilles à quatre compartiments intérieurs, décorée au pourtour et sur le couvercle de branches fleuries et d'arabesques en léger relief. Une fleurette forme le bouton du couvercle. Travail chinois.

69 — **Jade gris**. Coupe ronde à deux anses prises dans la masse dessinant des grecques et offrant au pourtour un dragon et des nuages en bas-relief. Travail chinois.

70 — **Jade gris**. Coupe en forme de fruit à une anse formée d'un dragon et de branchages fleuris pris dans la masse. Travail chinois.

71 — **Jade gris opalin**. Deux boutons en forme de sceptre, dont l'un présente un dragon en relief.

72 — **Jade gris foncé**. Cachet en forme de cube surmonté d'une chimère, ronde bosse. Travail chinois.

73 — **Agate mi-partie blanche et rouge**. Groupe composé d'animaux chimériques, sculptés en ronde bosse.

74 — **Bronze. Sanglier assis**, bronze italien à patine brune, du XVIIe siècle, réduction du sanglier de marbre qui se trouve à Florence. Socle rectangulaire en marbre vert de mer garni d'une monture ancienne à cage, en bronze ciselé et doré.

Haut., 25 cent.

75 — **Ivoire. Figurine ronde bosse** : l'Amour endormi et tenant une couronne de roses, dans l'intérieur d'une coquille.

76 — **Ivoire. Deux plaques à bords lobés**, en ivoire sculpté, offrant en bas-relief des figures de génie ; bordure composée de figures allégoriques, d'enfants et de pampres.

77 — **Marbre tendre. Deux petits bustes. Voltaire et Rousseau,** sculptures du xviii siècle attribuées à *Rosset.* Piédouche de marbre et socles circulaires en bois noir.

78 — **Cuivre. Bénitier en cuivre estampé**, représentant en bas-relief la Sainte famille et un saint évêque ; il est fixé sur un fond de velours dans un cadre Louis XIII.

79 — **Cuivre. Bénitier en cuivre estampé**, offrant au centre une plaque ovale en émail de Limoges : la Vierge ; fond de velours et cadre en bois.

80 — **Bois sculpté. Deux socles cylindriques** en bois sculpté à guirlandes de perles, branches de laurier, oves et nœuds de cœur, dorés sur fond noir. Époque Louis XVI.

FAIENCES

81 — **Fontaine**, forme baril à couvercle, en ancienne faïence de Faenza à décor polychrome représentant les Vertus théologales avec bordure de rinceaux en haut et en bas du vase. Le déversoir est formé d'une tête de chimère en relief.

82 — **Vase-balustre** à deux anses cariatides émaillées jaune, en ancienne faïence de Faenza à décor polychrome : architecture, lion, gerbes de fleurs, et bordure de rinceaux.

83 — **Grand plateau rond** à cavités rayonnantes autour de

l'ombilic, en faïence italienne du XVIIe siècle à décor d'animaux, d'oiseaux et d'arbustes fleuris, en camaïeu orangé et en bleu.

84 — **Bouteille-gourde** flanquée de deux têtes chimériques en relief simulant les anses, en ancienne faïence de Nevers décorée en camaïeu bleu de cavaliers, de chasseurs et d'animaux. Elle porte l'inscription : *Martin Bousin à Georges Piotel à Nevers. 1775.*

85 — **Vase** à corps ovoïde en ancienne faïence de Nevers émaillée bleu et décorée de fleurs en blanc et jaune orangé.

86-87 — **Deux petits vases** surbaissés et à deux anses en même faïence à décor de fleurs et d'ornements en émail blanc et jaune orangé sur fond d'émail bleu.

88 — **Bas-relief** circulaire en faïence de Nevers représentant la Vierge et l'Enfant Jésus ; fond d'émail blanc relevé de bleu ; il est encadré d'une moulure saillante, aussi décorée en bleu.

89-90 — **Deux compotiers** octogones en ancienne faïence de Rouen à décor polychrome : au centre, une corbeille de fleurs ; sur les bords, des cartouches quadrillés, reliés par une bordure à fond bleu et par des guirlandes symétriques.

91 — **Sucrier à saupoudrer**, en forme de balustre à couvercle ajouré, en vieux Rouen, à décor polychrome : bandes de cartels quadrillés et de rinceaux fleuronnés.

92 — **Petite bouteille à huit pans** en vieux Rouen à décor de fleurons et de rinceaux en bleu et rouge sur émail blanc.

93 — **Légumier** couvert et à deux oreilles ajourées en ancienne faïence de Marseille à décor polychrome de bouquets avec bordure de hachures d'or. Le couvercle est surmonté d'une tige de fraisier, en manière de poignée; les oreilles de l'écuelle sont rehaussées de rose carmin.

94 — **Présentoir à bords lobés**, en ancienne faïence de Marseille, a filet rose sur le marli et à décor polychrome de fleurs. Au revers, la marque de la veuve Perrin.

95 — **Soupière oblongue** contournée et à deux anses, en ancienne faïence de Marseille, a décor polychrome de bouquets à l'extérieur et à l'intérieur. Bord fileté et hachuré de carmin.

96 — **Grand plat long** à bord contourné, en ancienne faïence de Marseille, à décor polychrome. Sur le fond, un gros bouquet de roses; sur le marli, quatre branches de fleurs, des hachures roses et un filet brun.

97 — **Plat long** à bord contourné, en ancienne faïence de Marseille, a décor polychrome de bouquets répartis au centre et sur le marli. Marque de la veuve Perrin.

98 — **Petit plat long** à bord contourné, et fileté de carmin, en ancienne faïence de Marseille, à décor polychrome de bouquets, au fond et sur le marli. Marque de la veuve Perrin.

99 — **Bol** en ancienne faïence de Marseille, à deux anses, branchages et fleurettes en relief, émaillés en couleurs et à décor polychrome de bouquets.

100 — **Sept assiettes** en ancienne faïence de Marseille, à bords
lobés et filetés de carmin; décor polychrome de bouquets
variés et de fleurettes jetés.

101 — **Six assiettes** à bords festonnés, en ancienne faïence de
Marseille, à décor polychrome : gros bouquet au fond,
branches fleuries, hachures et filets sur le marli.

102 — **Deux compotiers** carrés et lobés en vieux Marseille, à
décor polychrome de bouquets et fleurettes jetés. Ils
portent la marque de la veuve Perrin.

103 — **Ecuelle** à oreilles avec couvercle à bouton plat et un
présentoir en ancienne faïence de Moustiers, à décor polychrome très soigné. Le couvercle est orné de trois cartouches, contenant des divinités marines, encadrés et séparés
par des guirlandes et des bouquets; le bouton offre un
buste de Diane et les oreilles de l'écuelle de petits génies
entourés de bordures de fleurs.

    Le présentoir est décoré, au fond, d'un grand cartouche :
Neptune sur les eaux, encadré d'amours et de fleurs; et,
sur les bords, de médaillons : divinités de la Fable et
bustes, alternant avec des guirlandes.

104 — **Fontaine couverte** à anses et déversoir, formée de têtes
chimériques et un bassin ovale, en ancienne faïence de
Moustiers, décorée de figures, d'oiseaux, de fleurs et de
grotesques en camaïeu vert et ocre jaune

105 — **Grand cache-pot** cylindrique, à deux anses mascarons
en relief, d'ancienne faïence de Moustiers, à décor polychrome, offrant deux grands médaillons : divinités mytholo-
giques, bordures de fleurs et entourés de bouquets et de
guirlandes.

106 — **Grand cache-pot** cylindrique à bord saillant et à mascarons, bas-reliefs, en guise d'anses, en ancienne faïence de Moustiers, décorée en camaïeu orangé de guirlandes, de bouquets détachés, de palmettes et de rinceaux. Il offre sur la face principale un grand cartouche armorié, rehaussé de bleu. Marque d'Oléry.

107 — **Plat long** et à bord contourné de même décor que la pièce qui précède et portant le même cartouche armorié. Marque d'Oléry.

108 — **Grand plat rond** et de même décor.

109 — **Deux petits pots** à miel, de forme cylindrique et de même décor.

110-111 — **Deux soupières** oblongues et contournées avec couvercles et plateaux en ancienne faïence de Moustiers, à décor polychrome de gerbes de fleurs. Anses formées de têtes chimériques.

112 — **Assiette** à bords contournés, en ancienne faïence de Moustiers, à décor polychrome offrant au fond un paysage avec figures, peint en camaïeu jaune d'ocre en des encadrements de rocailles, de chimères et de guirlandes en couleurs. Sur le marli courent des rinceaux et des festons.

113 — **Assiette** en Moustiers analogue à la précédente ; le cartouche central en camaïeu jaune représente un groupe d'amours musiciens.

114 — **Plat long et octogonal** à chute creusée de petits canaux, en ancienne faïence de Moustiers, offrant au fond un bou-

quet polychrome et, sur le marli, des rinceaux délicats et
des filets en bleu, vert et jaune orangé. Il porte la marque
d'Oléry.

115-116 — **Quatre plats** de même forme et de même decor que
le précédent, mais moins grands.

117 - **Plat ovale et chantourné** en ancienne faïence de Moustiers, à décor polychrome; au fond, un écusson armorié,
timbré d'une couronne comtale; au marli, des amours, des
animaux et des oiseaux entremêlés de coquilles et de
rinceaux.

118 — **Plat ovale et creux**, à bord contourné, en ancienne
faïence de Moustiers, décoré, en vert et ocres jaune et
brune, de musiciens, de faunes, de singes, d'oiseaux chimériques et de buissons de fleurs.

119-120 — **Deux plats ronds** et à bords contournés, avec
coquilles, gaufrés en relief sur le marli; décor polychrome :
amours dans des paysages et branches de fleurs.

121 — **Petit plat rond** en Moustiers, à décor de bouquets et de
papillons en ocre rouge.

122-123 — **Deux plats ronds**, à bords contournés, en ancienne
faïence de Moustiers, à décor de figures grotesques,
d'oiseaux et de plantes fleuries en camaïeu vert.

124 — **Petite boite plate** à épices, de forme ovale et à couvercle,
à décor de rinceaux en bleu sur email blanc

125 — **Huilier**, de forme Louis XV et à ornements ajourés, en
ancienne faïence de Strasbourg, relevé de bleu, de carmin
et de vert.

126 — **Deux vases** tulipes, à piédouches adhérents à des socles quadrangulaires, à angles cintrés et rentrants, en ancienne faïence de la fabrique de La Rochelle, émaillée blanc et relevée de carmin et de vert. Les vases sont décorés, en manière d'anses, de bouquets de fleurs en relief, rehaussées d'émaux de couleur. Sur l'épaulement, des médaillons, encadrés de lauriers ajourés, offrent les initiales L. R. et une galère pavoisée d'un étendard portant le mot : *Pax*. Sous l'un des vases, on lit : *La Rochelle. 1783.*

127 — **Jardinière-applique** à couvercle, de forme contournée, en ancienne faïence Strasbourg ou La Rochelle, à décor de rinceaux carmin et vert, formant l'encadrement d'un motif central composé de figurines chinoises.

128 — **Jardinière** carrée, à deux petites anses, de même faïence, offrant, sur chaque face, un bouquet polychrome.

129 — **Deux jardinières** oblongues et contournées, de même faïence, à décor polychrome de bouquets.

130 — **Deux corbeilles** ajourées en faïence du Midi, décorées de petites rosaces, en bleu.

131 — **Théière** en ancienne faïence de l'Est, décorée de filets et de hachures carmin.

132 — **Surtout de table** en faïence de Delft, à décor de fleurs et bordures en rouge brun avec d'or, composé d'un plateau à bords moulurés et contournés, une coupe supportée par quatre consoles, deux burettes godronnées, un vase à moutarde, et un sucrier-balustre à saupoudrer.

133 — **Plaque losangée** en vieux Delft, à décor polychrome de style chinois ; animaux, oiseaux et paysage. Bordure fleuronnée à fond vert.

134 — Deux petits plats en ancienne faïence de Delft, à décor polychrome : rosace centrale cantonnée de quatre réserves à fleurons.

135 — Jatte côtelée et octogonale en ancienne faïence de Delft à décor bleu de branchages fleuris et de rinceaux. Marquée du monogramme de *Keyser et Pynacker*.

PORCELAINES

136 — Fontaine - applique à couvercle et son bassin ovale en ancienne porcelaine de la Chine, côtelée et décorée, en émaux de la famille verte rehaussés d'or, de branches fleuries et d'oiseaux avec bordures de pivoines à réserves contenant des poissons. Le couronnement de la fontaine est formé de dauphins affrontés et le déversoir d'une tête de chimère en relief.

137 — Vase-balustre à deux anses dragons en ancien céladon gris craquelé.

138 — Petit plateau en céladon gris craquelé.

139 — Tasse semi-ovoïde et à deux anses en ancienne porcelaine de Sèvres, pâte tendre, décorée, par Chulot, de papillons guerriers et de papillons musiciens. Bordure bleue relevée de feuilles en dorure.

140 — Petite tasse droite et sa soucoupe en vieux Sèvres pâte tendre, décorées de fleurs et de filets en or et de festons de feuillages en bleu et rose.

141 — **Deux figurines** en ancien biscuit de Sèvres : le petit joueur de cornemuse et la petite moissonneuse ; celle-ci porte l'initiale F en creux de Fernex.

142 — **Groupe de trois amours aiguisant leurs flèches** en ancien biscuit de Niderviller, et un socle rond à moulures, aussi en biscuit.

143 — **Aiguière et bassin** oblong et lobé en ancienne porcelaine de Paris à décor de jetés de roses peintes en couleurs et de fleurettes en dorure. Le couvercle se relie à l'anse par une agrafe en cuivre doré.

144 — **Sucrier** couvert en ancienne porcelaine de Saxe à médaillons d'oiseaux en réserve sur un fond rose à imbrications ; une fleurette en relief forme le bouton du couvercle.

145 — **Buste-applique** émaillé blanc de la Vierge, les yeux levés vers le ciel, la tête recouverte d'une draperie. XVIIIe siècle. Socle en bois et marbre.

Total 294,

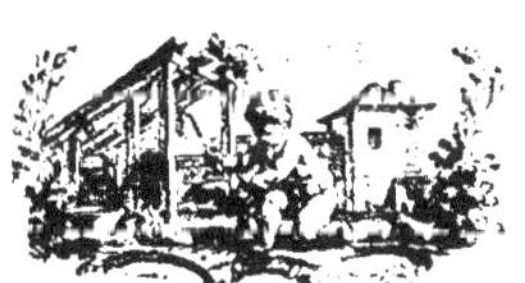

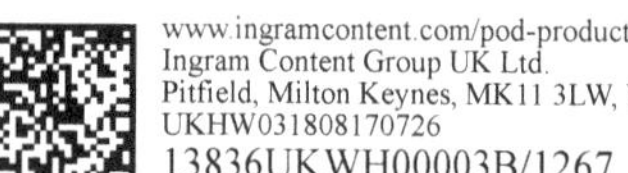